Impressum
Verlag: BABADADA GmbH, Nedderfeld 112 , 22529 Hamburg
Geschäftsführer / Verlagsleitung: Harald Hof
Druck: Books on Demand GmbH, In de Tarpen 42, 22848 Norderstedt

Imprint
Publisher: BABADADA GmbH, Nedderfeld 112 , 22529 Hamburg, Germany
Managing Director / Publishing direction: Harald Hof
Print: Books on Demand GmbH, In de Tarpen 42, 22848 Norderstedt, Germany

教室
aula

除
dividir

186/2

校园
patio

黑板
pizarra

老师
maestro/a

纸
papel

书写
escribir

钢笔
bolígrafo

办公桌
escritorio

直尺
regla

书
libro

学生
alumno/a

书包

cartera

铅笔盒

caja de lápices

铅笔

lápiz

卷笔刀

sacapuntas

橡皮擦

goma de borrar

画板

cuaderno de dibujo

图画
dibujo

画笔
pincel

颜料盒
caja de pinturas

剪刀
tijeras

胶水
pegamento

练习册
cuaderno de ejercicios

家庭作业
deberes

12

数字
número

2+2

加
sumar

5-2

减
restar

2×2

乘
multiplicar

计算
calcular

A

字母
letra

ABCDEFG HIJKLMN OPQRSTU VWXYZ

字母表
alfabeto

字
palabra

课文

texto

读

leer

粉笔

tiza

上课

lección

登记

cuaderno de notas

考试

examen

证书

certificado

校服

uniforme escolar

教育

educación

百科全书

enciclopedia

大学

universidad

显微镜

microscopio

地图

mapa

废纸筐

papelera

酒店
hotel

青年旅社
albergue

外币兑换处
oficina de cambio de divisas

手提箱
maleta

汽车
coche

语言

idioma

是/否

sí / no

好的

Vale

您好

hola

翻译员

traductor

谢谢

Gracias

......多少钱？

¿cuánto es...?

我不明白

No entiendo

问题

problema

晚上好！

¡Buenas tardes!

早上好！

¡Buenos días!

晚安！

¡Buenas noches!

再见

adiós

方向

dirección

行李

equipaje

包

bolsa

双肩包

mochila

客人

invitado

房间

habitación

睡袋

saco de dormir

帐篷

tienda de campaña

旅游信息

información turística

海滩

playa

信用卡

tarjeta de crédito

早餐

desayuno

午餐

almuerzo

晚餐

cena

票

billete

电梯

ascensor

邮票

sello

边界

frontera

海关

aduana

大使馆

embajada

签证

visa

护照

pasaporte

飞机
avión

船
barco

消防车
coche de bomberos

卡车
camión

公交车
autobús

汽艇
lancha a motor

自行车
bicicleta

汽车
coche

摆渡船

transbordador

小船

barca

摩托车

moto

警车

coche de policía

赛车

coche de carreras

租车

coche de alquiler

拼车

préstamo de vehículos

拖车

grúa

垃圾车

camión de la basura

发动机

motor

汽油

gasolina

加油站

gasolinera

交通标志

señal de tráfico

交通

tráfico

交通堵塞

atasco

停车场

aparcamiento

火车站

estación de tren

轨道

vías

火车

tren

电车

tranvía

货车

vagón

交通运输 - transporte

直升机

helicóptero

机场

aeropuerto

塔

torre

乘客

pasajero

集装箱

contenedor

纸板箱

caja de cartón

手推车

carretilla

篮子

cesta

起飞/降落

despegar / aterrizar

城市

ciudad

村庄

pueblo

市中心

centro de ciudad

房子

casa

电影院
cine

广告
anuncio

路灯
farola

街道
calle

出租车
taxi

小吃店
quiosco

行人
peatón

人行道
acera

垃圾箱
contenedor de basura

十字路口
cruce

斑马线
paso de cebra

红绿灯
semáforo

CINEMA

小屋

cabaña

公寓

apartamento

火车站

estación de tren

市政厅

ayuntamiento

博物馆

museo

学校

escuela

大学

universidad

银行

banco

医院

hospital

酒店

hotel

药房

farmacia

办公室

oficina

书店

librería

商店

tienda

花店

floristería

超市

supermercado

市场

mercado

百货商店

grandes almacenes

鱼店

pescadería

购物中心

centro comercial

海港

puerto

公园
parque

长凳
banco

桥
puente

楼梯
escaleras

地铁
metro

隧道
túnel

公交车站
parada de autobús

酒吧
bar

餐馆
restaurante

邮筒
buzón

路标
poste indicador

停车计时器
parquímetro

动物园
zoo

游泳馆
piscina

清真寺
mezquita

农场

granja

污染

contaminación

墓地

cementerio

教堂

iglesia

操场

patio de juego

寺庙

templo

地形
paisaje

树叶
hoja

指示牌
señal

路
camino

草地
prado

石头
piedra

树
árbol

徒步旅行者
excursionista

河
río

草
hierba

花
flor

峡谷
valle

山
colina

湖
lago

森林
bosque

沙漠
desierto

火山
volcán

城堡
castillo

彩虹
arcoíris

蘑菇
champiñón

棕榈树
palmera

蚊子
mosquito

苍蝇
mosca

蚂蚁
hormiga

蜜蜂
abeja

蜘蛛
araña

甲虫

escarabajo

青蛙

rana

松鼠

ardilla

刺猬

erizo

野兔

liebre

猫头鹰

lechuza

鸟

pájaro

天鹅

cisne

野猪

jabalí

鹿

ciervo

麋鹿

alce

水坝

presa

风力发电机

turbina eólica

太阳能电池板

panel solar

气候

clima

服务员
▶ camarero

菜单
▶ menú

椅子
silla

汤
sopa

披萨饼
pizza

餐具
cubertería

▶桌布
mantel

前菜

primer plato

主菜

plato principal

甜点

postre

饮料

bebidas

食物

comida

瓶子

botella

快餐
comida rápida

街边小吃
comida callejera

茶壶
tetera

糖盒
azucarero

一份饭菜
porción

意式咖啡机
cafetera expreso

高脚椅
trona

账单
cuenta

托盘
bandeja

刀
cuchillo

餐叉
tenedor

勺子
cuchara

茶匙
cucharilla

餐巾
servilleta

玻璃杯
vaso

碟子
plato

汤盘
plato hondo

碟子
platillo

酱
salsa

盐瓶
salero

胡椒磨
molinillo de pimienta

醋
vinagre

食用油
aceite

调味料
especias

番茄酱
ketchup

芥末
mostaza

蛋黄酱
mayonesa

特价
oferta especial

顾客
cliente

乳制品
lácteos

水果
fruta

购物车
carro de la compra

肉铺
carnicería

面包房
panadería

称重
pesar

蔬菜
verduras

肉
carne

冷冻食品
alimentos congelados

冷盘
fiambres

罐头食品
conservas

洗衣粉
detergente en polvo

甜食
dulces

日用品
productos de uso doméstico

清洁用品
productos de limpieza

销售员
vendedora

收银机
caja

收银员
cajero

购物清单
lista de la compra

开放时间
horario de atención al público

钱包
cartera

信用卡
tarjeta de crédito

袋子
bolsa

塑料袋
bolsa de plástico

水

agua

果汁

zumo

牛奶

leche

可乐

cola

红酒

vino

啤酒

cerveza

酒

alcohol

可可

cacao

茶

té

咖啡

café

意式浓缩咖啡

expreso

卡布奇诺

capuchino

香蕉

plátano

苹果

manzana

橙子

naranja

西瓜

melón

柠檬

limón

胡萝卜

zanahoria

大蒜

ajo

竹子

bambú

洋葱

cebolla

蘑菇

champiñón

坚果

avellanas

面条

fideos

意大利面条
espagueti

米饭
arroz

沙拉
ensalada

薯条
patatas fritas

炸土豆
patatas fritas

披萨饼
pizza

汉堡包
hamburguesa

三明治
sándwich

炸猪排
filete

火腿
jamón

萨拉米
salami

香肠
salchicha

鸡肉
pollo

烤肉
asado

鱼
pescado

燕麦片

copos de avena

穆兹利

muesli

玉米片

copos de maíz

面粉

harina

羊角面包

cruasán

面包卷

panecillo

面包

pan

烤面包

tostada

饼干

galletas

黄油

mantequilla

凝乳

cuajada

蛋糕

pastel

蛋

huevo

煎蛋

huevo frito

奶酪

queso

冰激凌

helado

糖

azúcar

蜂蜜

miel

果酱

mermelada

巧克力酱

crema de turrón

咖喱饭

curry

农舍
granja

稻草捆
fardo de paja

粮仓
granero

田野
campo

马
caballo

拖车
remolque

马驹
potro

拖拉机
tractor

驴
burro

羔羊
cordero

羊
oveja

山羊

cabra

奶牛

vaca

牛犊

ternero

猪

cerdo

小猪

cerdito

公牛

toro

鹅

ganso

鸭

pato

小鸡

pollo

母鸡

gallina

公鸡

gallo

鼠

rata

猫

gato

老鼠

ratón

牛

buey

狗

perro

狗屋

perrera

花园浇水软管

manguera

洒水壶

regadera

长柄大镰刀

guadaña

犁

arado

镰刀

hoz

锄头

azada

长柄草耙

horca

斧头

hacha

独轮手推车

carretilla

饲料槽

abrevadero

牛奶罐

lechera

麻布袋

saco

栅栏

valla

马厩

establo

温室

invernadero

土壤

suelo

种子

semilla

肥料

fertilizador

联合收割机

cosechadora

收割

cosechar

收割

cosecha

山药

ñame

小麦

trigo

大豆

soja

土豆

patata

玉米

maíz

油菜籽

semilla de colza

果树

árbol frutal

树薯

mandioca

谷物

cereales

烟囱
chimenea

屋顶
tejado

落水管
canalón

窗户
ventana

车库
garaje

门铃
timbre

门
puerta

垃圾桶
cubo de la basura

信箱
buzón

花园
jardín

客厅

sala

浴室

cuarto de baño

厨房

cocina

卧室

dormitorio

儿童房

habitación de los niños

餐厅

comedor

地板

suelo

墙壁

pared

吊顶

techo

地窖

sótano

桑拿

sauna

阳台

balcón

露台

terraza

游泳池

piscina

割草机

cortacésped

被单

sábana

床罩

colcha

床

cama

扫帚

escoba

水桶

balde

开关

interruptor

壁纸
papel pintado

照片
imagen

台灯
lámpara

搁架
estante

橱柜
armario

壁炉
chimenea

电视机
televisión

花
flor

垫子
cojín

沙发
sofá

花瓶
jarrón

遥控器
mando a distancia

地毯
alfombra

窗帘
cortina

餐桌
mesa

椅子
silla

摇椅
mecedora

扶手椅
butaca

书
libro

毯子
manta

装饰品
decoración

木柴
leña

电影
película

高保真音响
equipo de música

钥匙
llave

报纸
periódico

油画
pintura

海报
póster

收音机
radio

笔记本
cuaderno

吸尘器
aspiradora

仙人掌
cactus

蜡烛
vela

冰箱
refrigerador

微波炉
microondas

厨房秤
balanza de cocina

洗洁精
detergente

烤面包机
tostadora

冰柜
congelador

烤箱
horno

垃圾桶
cubo de la basura

洗碗机
lavavajillas

炊具
olla a presión

锅
olla

铸铁锅
olla de hierro fundido

炒锅
wok / karahi

平底锅
cazuela

水壶
hervidor

蒸锅

vaporera

烤盘

chapa de horno

陶瓷锅

vajilla

马克杯

taza

碗

tazón

筷子

palillos

长柄勺

cucharón

铲子

espumadera

搅拌器

batidor

滤网

colador

筛子

cedazo

磨碎机

rallador

研钵

mortero

烧烤

barbacoa

明火

hoguera

菜板

tabla de picar

擀面杖

rodillo

开瓶器

sacacorchos

罐子

lata

开罐器

abrelatas

隔热手套

agarrador

水槽

lavabo

刷子

cepillo

海绵

esponja

搅拌机

batidora

冷藏箱

congelador

奶瓶

bibcrón

水龙头

grifo

浴室

cuarto de baño

淋浴
ducha

供暖设备
calefacción

毛巾
toalla

浴帘
cortina de la ducha

泡沫浴
baño de espuma

浴缸
bañera

玻璃杯
vaso

洗衣机
lavadora

瓷砖
baldosas

水龙头
grifo

便壶
orinal

水槽
lavabo

厕所

inodoro

蹲便器

inodoro rústico

坐浴器

bidé

小便池

urinario

厕纸

papel higiénico

马桶刷

escobilla del váter

牙刷

cepillo de dientes

牙膏

pasta de dientes

牙线

hilo dental

洗

lavar

手持式喷淋头

ducha de mano

冲洗器

ducha íntima

洗脸盆

pila

擦背刷

cepillo de espalda

肥皂

jabón

沐浴露

gel de ducha

洗发水

champú

法兰绒

toallita

排水

desagüe

乳霜

crema

除臭剂

desodorante

镜子

espejo

手镜

espejo de tocador

剃须刀

maquinilla de afeitar

剃须泡沫

espuma de afeitar

须后水

loción postafeitado

梳子

peine

刷子

cepillo

吹风机

secador

喷发定型剂

laca

化妆品

maquillaje

唇膏

pintalabios

指甲油

pintauñas

化妆棉

algodón

指甲剪

cortauñas

香水

perfume

洗漱包

estuche de viaje

凳子

banqueta

计重秤

balanza

浴袍

albornoz

橡胶手套

guantes de goma

卫生棉条

tampón

卫生巾

compresa

化学厕所

inodoro químico

habitación de los niños

闹钟
despertador

毛绒玩具
peluche

玩具车
coche de juguete

拨浪鼓
sonajero

玩具屋
casa de muñecas

礼物
regalo

气球

globo

床

cama

（洋娃娃用）婴儿车

coche de niño

扑克牌

naipes

拼图

puzle

漫画

tebeo

乐高积木

piezas de lego

积木玩具

bloques de juguete

玩具人

figura de acción

婴儿服

bodi (de bebé)

飞盘

frisbee

床铃玩具

colgador móvil para bebés

棋盘游戏

juego de mesa

骰子

dados

火车模型

circuito de tren eléctrico

安抚奶嘴

maniquí

聚会

fiesta

绘本

álbum de fotos

球

pelota

洋娃娃

muñeca

玩

jugar

沙坑

cajón de arena

秋千

columpio

玩具

juguetes

游戏机

videoconsola

三轮车

triciclo

泰迪熊

oso de peluche

衣柜

guardarropa

衣服

ropa

袜子

calcetines

长袜

medias

紧身裤

leotardos

围巾
bufanda

雨伞
paraguas

T恤
camiseta

皮带
cinturón

靴子
botas

拖鞋
zapatillas

运动鞋
deportivas

凉鞋
sandalias

鞋
zapatos

雨靴
botas de goma

内裤
slip

胸罩
sostén

背心
chaleco

衣服 - ropa

身体
bodi

裤子
pantalones

牛仔裤
vaqueros

短裙
falda

女式衬衫
blusa

衬衫
camisa

套头衫
jersey

卫衣
suéter

西装夹克
blazer

夹克
chaqueta

外套
abrigo

雨衣
gabardina

套装
traje

连衣裙
vestido

婚纱
vestido de novia

西装
traje

睡袍
camisón

睡衣
pijama

莎丽
sari

头巾
bandana

包头巾
turbante

波卡
burka

卡夫坦
caftán

(阿拉伯式)长袍长袍
abaya

泳衣
traje de baño

男式泳裤
bañador

短裤
pantalones cortos

运动服
chándal

围裙
delantal

手套
guantes

衣服 - ropa

纽扣
botón

眼镜
gafas

手链
brazalete

项链
collar

戒指
anillo

耳环
pendiente

便帽
gorra

衣架
percha

帽子
sombrero

领带
corbata

拉链
cremallera

头盔
casco

背带
tirantes

校服
uniforme escolar

制服
uniforme

围兜
babero

安抚奶嘴
maniquí

尿不湿
pañal

服务器
servidor

文件柜
archivo

打印机
impresora

纸
papel

显示屏
monitor

鼠标
ratón

办公桌
escritorio

文件夹
carpeta

键盘
teclado

废纸篑
papelera

椅子
silla

电脑
ordenador

咖啡杯
taza de café

计算器
calculadora

因特网
internet

笔记本电脑

portátil

信件

carta

消息

mensaje

手机

móvil

网络

red

复印机

fotocopiadora

软件

software

电话

teléfono

插座

toma de corriente

传真机

fax

表格

formulario

文件

documento

买
....
comprar

付钱
....
pagar

交易
....
comerciar

现金
....
dinero

美元
....
dólar

欧元
....
euro

日元
....
yen

卢布
....
rublo

瑞士法郎
....
franco suizo

人民币
....
renminbi yuan

卢比
....
rupia

提款处
....
cajero automático

外币兑换处

oficina de cambio de divisas

金

oro

银

plata

石油

petróleo

能源

energía

价格

precio

合同

contrato

税金

impuesto

股票

acción

工作

trabajar

职员

empleado

老板

empleador

工厂

fábrica

商店

tienda

警官
agente de policía

消防员
bombero

厨师
cocinero

医生
médico

飞行员
piloto

园丁

jardinero

木匠

carpintero

裁缝

costurera

法官

juez

化学家

farmacéutico

演员

actor

公交车司机

conductor de autobús

出租车司机

taxista

渔夫

pescador

清洁女工

señora de la limpieza

屋顶工

techador

服务员

camarero

猎人

cazador

画家

pintor

面包师

panadero

电工

electricista

建筑工人

obrero

工程师

ingeniero

屠夫

carnicero

水管工

fontanero

邮递员

cartero

士兵

soldado

建筑师

arquitecto

收银员

cajero

花农

florista

理发师

peluquero

售票员

revisor

机械师

mecánico

船长

capitán

牙医

dentista

科学家

científico

拉比

rabino

伊玛目

imán

和尚

monje

牧师

sacerdote

工具

herramientas

铁锤
martillo

钳子
alicates

螺丝刀
destornillador

扳手
llave

手电筒
linterna

挖掘机

excavadora

工具箱

caja de herramientas

梯子

escalera de mano

锯子

sierra

钉子

clavos

钻机

taladro

修
reparar

铲子
pala

靠！
¡Maldita sea!

簸箕
recogedor

油漆桶
bote de pintura

螺丝
tornillos

乐器

instrumentos musicales

扬声器
altavoz

打击乐器
batería

吉他
guitarra

低音提琴
contrabajo

小号
trompeta

钢琴

piano

小提琴

violín

贝斯

bajo

定音鼓

timbales

鼓

tambor

电子琴

teclado

萨克斯管

saxofón

长笛

flauta

麦克风

micrófono

入口
entrada

老虎
tigre

笼子
jaula

斑马
cebra

动物饲料
pienso

熊猫
panda

动物
animales

大象
elefante

袋鼠
canguro

犀牛
rinoceronte

大猩猩
gorila

熊
oso

骆驼

camello

鸵鸟

avestruz

狮子

león

猴子

mono

火烈鸟

flamingo

鹦鹉

loro

北极熊

oso polar

企鹅

pingüino

鲨鱼

tiburón

孔雀

pavo real

蛇

serpiente

鳄鱼

cocodrilo

动物园管理员

guardián de zoológico

海豹

foca

美洲豹

jaguar

矮种马
poni

豹
leopardo

河马
hipopótamo

长颈鹿
jirafa

老鹰
águila

野猪
jabalí

鱼
pescado

龟
tortuga

海象
morsa

狐狸
zorro

羚羊
gacela

橄榄球
fútbol americano

骑自行车
ciclismo

网球
tenis

篮球
baloncesto

游泳
natación

拳击
boxeo

冰球
hockey sobre hielo

英式足球
fútbol

羽毛球
bádminton

田径
atletismo

手球
balonmano

滑雪
esquí

马球
polo

跳
saltar

拥抱
abrazar

笑
reír

走路
caminar

唱
cantar

祈祷
rezar

亲吻
besar

做梦
soñar

书写
escribir

画
dibujar

展示
mostrar

推
empujar

给
dar

拿
tomar

有
tener

做
hacer

当
ser

站
estar de pie

跑
correr

拉
tirar

扔
tirar

摔倒
caer

躺
yacer

等待
esperar

携带
llevar

坐
estar sentado

穿衣
vestirse

睡觉
dormir

醒来
despertar

看
mirar

哭
llorar

抚摸
acariciar

梳头
peinar

交谈
hablar

明白
entender

问
preguntar

听
escuchar

喝
beber

吃
comer

清理
ordenar

爱
amar

做饭
cocinar

开车
conducir

飞
volar

活动 - actividades

航行

navegar

计算

calcular

读

leer

学习

aprender

工作

trabajar

结婚

casarse

缝

coser

刷牙

cepillarse los dientes

杀

matar

抽烟

fumar

寄

enviar

祖母
abuela

祖父
abuelo

父亲
padre

母亲
madre

婴童
bebé

女儿
hija

儿子
hijo

客人

invitado

阿姨

tía

叔叔

tío

兄弟

hermano

姐妹

hermana

前额
frente

眼睛
ojo

脸
cara

肩膀
hombro

手指
dedo

下巴
barbilla

手
mano

乳房
pecho

手臂
brazo

腿
pierna

婴童

bebé

男人

hombre

女人

mujer

女孩

chica

男孩

chico

头

cabeza

背部

espalda

肚子

vientre

肚脐

ombligo

脚趾

dedo del pie

脚后跟

talón

骨头

hueso

臀部

cadera

膝盖

rodilla

手肘

codo

鼻子

nariz

屁股

trasero

皮肤

piel

脸颊

mejilla

耳朵

oído

嘴唇

labio

嘴
boca

牙齿
diente

舌头
lengua

脑
cerebro

心脏
corazón

肌肉
músculo

肺
pulmón

肝脏
hígado

胃
estómago

肾脏
riñones

性交
sexo

避孕套
condón

卵子
ovario

精子
semen

怀孕
embarazo

月经

menstruación

阴道

vagina

阴茎

pene

眉毛

ceja

头发

pelo

脖子

cuello

医院
hospital

救护车
ambulancia

轮椅
silla de ruedas

骨折
fractura

医生

médico

急诊室

sala de urgencias

护士

enfermera

紧急情况

urgencia

昏迷

inconsciente

痛

dolor

受伤

lesión

出血

hemorragia

心脏病发作

infarto

中风

ictus

过敏

alergia

咳嗽

tos

发烧

fiebre

流感

gripe

腹泻

diarrea

头痛

dolor de cabeza

癌症

cáncer

糖尿病

diabetes

外科医生

cirujano

手术刀

bisturí

手术

operación

CT
TAC

X光
rayos x

超声波
ultrasonido

口罩
mascarilla

疾病
enfermedad

候诊室
sala de espera

拐杖
muleta

石膏
tirita

绷带
venda

注射
inyección

听诊器
estetoscopio

担架
camilla

体温计
termómetro

出生
nacimiento

超重
sobrepeso

助听器
audífono

消毒液
desinfectante

感染
infección

病毒
virus

艾滋病
VIH / SIDA

药物
medicina

接种疫苗
vacunación

药片
tabletas

药丸
pastilla

急救电话
llamada de urgencia

血压计
tensiómetro

生病/健康
enfermo / sano

救命！

¡Socorro!

警报

alarma

突击

asalto

攻击

ataque

危险

peligro

紧急出口

salida de emergencia

着火啦！

¡Fuego!

灭火器

extintor de incendios

意外

accidente

急救箱

botiquín de primeros
auxilios

呼救信号

SOS

警察

policía

欧洲

Europa

北美洲

Norteamérica

南美洲

Sudamérica

非洲

África

亚洲

Asia

澳洲

Australia

大西洋

Atlántico

太平洋

Pacífico

印度洋

Océano Índico

南冰洋

Océano Antártico

北冰洋

Océano Ártico

北极

polo norte

南极

polo sur

南极洲

Antártida

地球

tierra

陆地

tierra

海

mar

岛

isla

国家

nación

国家

estado

钟面

esfera

时针

manecilla de las horas

分针

minutero

秒针

segundero

现在几点？

¿Qué hora es?

天

día

时间

tiempo

现在

ahora

电子表

reloj digital

分

minuto

时

hora

semana

周一
lunes

周三
miércoles

周五
viernes

周二
martes

周四
jueves

周六
sábado

周日
domingo

昨天
....
ayer

今天
....
hoy

明天
....
mañana

早晨
....
mañana

中午
....
mediodía

晚上
....
tarde

工作日
....
días laborables

周末
....
fin de semana

雨
lluvia

彩虹
arcoíris

风
viento

雪
nieve

春
primavera

夏
verano

秋
otoño

冬
invierno

天气预报
pronóstico del tiempo

温度计
termómetro

阳光
sol

云
nube

雾
niebla

潮湿
humedad

闪电

rayo

打雷

trueno

风暴

tormenta

冰雹

granizo

季风

monzón

洪水

inundación

冰

hielo

一月

enero

二月

febrero

三月

marzo

四月

abril

五月

mayo

六月

junio

七月

julio

八月

agosto

九月
....
septiembre

十月
....
octubre

十一月
....
noviembre

十二月
....
diciembre

圆形
....
círculo

正方形
....
cuadrado

长方形
....
rectángulo

三角形
....
triángulo

球体
....
esfera

立方体
....
cubo

白
blanco

黄
amarillo

橙
anaranjado

粉
rosa

红
rojo

紫
morado

蓝
azul

绿
verde

棕
marrón

灰
gris

黑
negro

很多/少许

mucho / poco

生气/平静

enojado / tranquilo

美/丑

bonito / feo

首/尾

principio / fin

大/小

grande / pequeño

明/暗

claro / oscuro

兄弟/姐妹

hermano / hermana

干净/肮脏

limpio / sucio

完整/缺失

completo / incompleto

白天/晚上

día / noche

死/生

muerto / vivo

宽/窄

ancho / estrecho

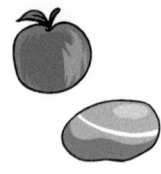

可食用/非食用

comestible / no comestible

邪恶/善良

malo / amable

兴奋/无聊

entusiasmado / aburrido

胖/瘦

gordo / delgado

第一/最后

primero / último

朋友/敌人

amigo / enemigo

满/空

lleno / vacío

硬/软

duro / blando

重/轻

pesado / ligero

饿/渴

hambre / sed

生病/健康

enfermo / sano

非法/合法

ilegal / legal

聪明/愚笨

inteligente / tonto

左/右

izquierda / derecha

近/远

cerca / lejos

新/旧

nuevo / usado

没有/有些

nada / algo

老/幼

viejo / joven

开/关

encendido / apagado

打开/合上

abierto / cerrado

安静/吵闹

silencioso / ruidoso

富/穷

rico / pobre

对/错

correcto / incorrecto

粗糙/光滑

áspero / suave

伤心/高兴

triste / contento

短/长

corto / largo

慢/快

lento / rápido

湿/干

húmedo / seco

温暖/凉爽

cálido / frío

战争/和平

guerra / paz

0

零

cero

1

一

uno

2

二

dos

3

三

tres

4

四

cuatro

5

五

cinco

6

六

seis

7

七

siete

8

八

ocho

9

九

nueve

10

十

diez

11

十一

once

12

十二

doce

13

十三

trece

14

十四

catorce

15

十五

quince

16

十六

dieciséis

17

十七

diecisiete

18

十八

dieciocho

19

十九

diecinueve

20

二十

veinte

100

百

cien

1.000

千

mil

1.000.000

百万

millón

英语

inglés

美式英语

inglés americano

普通话

chino mandarín

印地语

hindi

西班牙语

español

法语

francés

阿拉伯语

árabe

俄语

ruso

葡萄牙语

portugués

孟加拉语

bengalí

德语

alemán

日语

japonés

我

yo

你

tú

他/她/它

él / ella / ello

我们

nosotros/as

你们

vosotros/as

他们

ellos/as

谁？

¿quién?

什么？

¿qué?

怎样？

¿cómo?

哪里？

¿dónde?

什么时候？

¿cuándo?

名字

nombre

后面

detrás

里面

en

前面

delante de

上方

por encima de

上面

sobre

下面

debajo de

旁边

junto a

中间

entre

地点

lugar